JN094034

「バンド・デシネで社会学」もありかもしれない

　作者のマリオン・モンテーニュは、新鮮さと茶目っ気たっぷりに、裕福な家庭を対象に行なった私たちの調査と分析を絵と会話で表現してくれました。彼女は私たちの著書を読み、私たちは彼女からの数え切れないほどの質問に答え、そして、ヴァンドーム広場の宝石商をいっしょに見てまわりました。そして彼女は、富のかたちが多様であることや、金持ちの地区に富と権力が集中しつづけるためには大富豪の一族のなかでのみ富の継承が行なわれることがいかに重要であるかを理解し、それをみなさんに伝えられるよう「ストーリー」にする方法を考えました。本書は、二つの世界を知るための第一歩となるにふさわしい作品です。つまり、むずかしいと言われがちな社会学と、遠い世界にあって、ほとんど知られざる支配的な社会階級の二つの世界です。

　登場する研究者たちは（私たち二人のことですが）、「富に恵まれた人たち」という彼らの研究対象と同様に、必ずしも丁寧に扱われているわけではありません。しかし、それぞれに対する感度の高さは一貫しています。私たちがこの物語に登場することは、ストーリーとしての読みやすさのためだけではなく、相手と親しくなって調査を行なうという民族誌学的な方法を説明することにも役立っています。これは、私たち研究者が異なった社会階級の関係性を理解するさいに用いる調査方法なのです。観察者は観察され、最後には自ら観察することにもなります。
　そう、みなさんも自分自身のことを振り返ってみてください。

　このように社会学者がバンド・デシネに登場することは、社会的世界とそれを成り立たせている関係とを多くの人に理解してもらおうとしてきた私たちの、努力の終着点のように思えます。

　富裕層とその他の人びとの支配的な関係は恣意的なものなのだということを明らかにするこのバンド・デシネが、より公正でより平等な社会をつくりあげるために役立つことを願っています。

原案者　ミシェル・パンソン
　　　　モニク・パンソン＝シャルロ

フィールドワークをしてもう30年になる

ブルジョワ階級にたくさんインタビューしたり

奇妙な集まりがあったりして…

※HLM…低家賃住宅

狩りにも行ってみた…

*ともに高級リゾート地。ドーヴィルはドーバー海峡に面し、ロード・ルルーシュ監督の『男と女』(1966年)の舞台として有名。

まあそうだろうけどね。君は…

フィリップ…

とはいえ、君は「リッチ」ってどういうことか、知らないんじゃないかな？

恥ずかしがらないで

＊『フィフティ・シェイズ・オブ・グレイ』(ハヤカワ文庫)は、Ｅ・Ｌ・ジェイムズによる、女子大生と若き御曹司のサドとマゾの関係をテーマにした官能恋愛小説。

そんなの知ってるよ！「リッチ」なんて！

すまんなー！

この話になると、からかいたくなるんだ

じゃあ、「リッチ」な人たちのこと説明してみて？

賭けようじゃないか間違えたら逃がさないよっ

うん…

ボクにとって…「リッチ」とは…たくさんお金を持っている人のことです…

僕には一生買えないようなものを好きなだけ買えるお金がある。例えば…

英国女王仕様
の馬車とか

二頭立て

4億ユーロのプライベート・ジェットに、
ビヨンセ専用のジェットバスがついてたり…

乱気流通過

オー
マイ
ゴッド

ドバイの王様仕様、
全長162メートルの
豪華ヨットとか…

王様

あれ欲し
い

豪華ヨット

クイーン
メリーⅡ

こういう人たちは勝手気ままな
振る舞いが許されているんだ

船長…今日の乗客はマドンナに届ける
アルカション産の牡蠣6ダースです…
明日の午前にはブエノスアイレスまで
届けねば…

よし！
乗客はシートベルトを！

プライベート
ジェット

それとか、ハイレベルのスポーツマンとか…

12万ユーロ
どぶに捨てるの
か!?

コーチ…新しい
ヴィトンのシューズ
まだきついんだよね

革が
硬くて

たいしたこともせず大金を稼ぐビジネスマンとか…

このゴールデン・パラ
シュート＊をパパとママ
に捧げます…

うちの社
員にも

グスッ

＊金融経済用語。企業役員の巨額な退職金のことで、企業の買収防衛策のひとつ。敵対的買収を行った企業は一般的に買収後に経営陣を
解任するが、解任コストを莫大に規定することで買収意欲を低下させることができると考えられている。同様の策で従業員を対象と
するものを「ティンパラシュート（錫の落下傘）」という。

＊1　プライベート・ジェットを所有する人々のこと。
＊2　2016年にEU離脱決定を受けAAに。

いくらあったら、
お金持ち？

さあ! クイズです!
この言葉は、以下の二人のひげおじさんのうち、どちらのものでしょう…

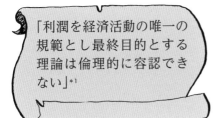

□ マルクス?

□ 神?

「利潤を経済活動の唯一の規範とし最終目的とする理論は倫理的に容認できない」*1

答は…「神」です!
…というか、聖書に書かれている

神
「驚くべき
わたしの言説」

マルクスに好まれなかった本

教会がリッチな人たちを好まないことはよく知られている。だって、莫大な資産があれば「救済」なんて必要としなくなるんだから

天国
PARADIS

禁止!
液体容器

高級品

＊1　カテキズム2424より　カトリック中央協議会 https://www.cbcj.catholic.jp

聖書には、お金が悪だとは書かれていない。
貯め込むのが悪いと書かれている。
崇拝につながるからね

地獄へようこそ

こっちの常識は「50歳でロレックスを持ってなかったら死にぞこない」*2だ! ハハハ!

いいか?

いいじゃない! 子ども達に
教会の教えを施してくれて

このフィナンシェ*3
美味しい〜

＊2　P.54に登場する広告業者、セグエラ氏の発言。2009年にサルコジ大統領(当時)の成金趣味的ファッションセンスについて「50歳でロレックスの一つも持ってなければ人生の敗者」と発言し、炎上した。

＊3　フィナンシエとはフランス語で「金融家」・「金持ち」等の意味。19世紀末、パリ証券取引所周辺の金融街にあった菓子屋が、アーモンド風味の焼き菓子を金塊の形に焼き始めたのが始まり。

良い悪いてはなく、現実なのだ

しかしかつては、貧困層への関心を持つ
富裕層もいくらかは存在したのだ…

貧乏人は、ああ自分たちは金持ちじゃなくて
よかったと、自分を慰める…

一方て、現代はこれまでにないほど多くの
富裕層が存在する時代だ。2013年には、
世界のビリオネアは1426人を記録した

穏やかてはなくなってきた

同時に、現代ほど貧しい人たちがますます貧しくなった
ことはない

富は宗教に取ってかわり、
至上の目標となってしまった

なんという矛盾!
フランス人にとって、お金の話は下ネタよりもタブーだなんて!

15

こんなに富の存在感が大きく、富裕層が露出する時代なんて、これまでになかった。
今まさに、我々は不況の真っただ中にあるにもかかわらず…

今見てきたことは、どこからが「リッチ」で「リッチじゃない」かを定義するための論点さ

2007年、フランソワ・オランド*¹はこう宣言した

月収4000€*²からは富裕層だ！そして私は、富裕層が嫌いだ！

ウェイ！

ゆっくり変えていきましょう

＊１　フランスの政治家。2012年から2017年までフランス大統領。
＊２　4000€は約47万円（2020年4月）。

しかし月収4000€は、歌手のフランソワーズ・アルディからすれば貧困線ギリギリとのこと

年間生活費がたった15万€…

というわけで、慈悲深い御心のみなさまへ…ご一曲…

ご援助いただけるなら…

人は儚いものよ〜

私のお友達バラの

今朝私告げた

にのぉぉぉ

チッ

はあ

占いの方がいいかな？

誰か占いは？

そう、貧困と違って、富裕層へのボーダーラインは存在しない…

＊RSA＝積極的連帯所得。日本の生活保護制度に相当する。

結局、常に自分よりリッチな人がいる…

あの人の方が稼いでる…

| インド人 30€ | コンゴ人 240€ | 最低賃金労働者 1100€ | 会社員 1600€ | 企業幹部 4000€ | CEO（上場銘柄40社） 27万€ | ベルナール・アルノー 39万2000€ |

月収（手取り額）

そしてこれは、労働による報酬しか語っていない！

フランス人の49%が、仕事を頑張ればリッチになれると信じているんだよ

え？ 違うの？

違う

ほとんどの人が、「収入」は給料だけではないってこと、頭にないんだね

お金持ちって、働いて稼いでるだけじゃないんだよ。
例えばバットマンが給与収入だけであんなふうになれたと思うかい？

フランスでは、1％の頂点にいるビジネス・バットマンが、労働報酬全体の5％を得ている

しかしこの1％の人々は労働収入に加えて、国民の金融所得全体の48％と、総資産32％を保有しているのだ

こんなふうに、バットマンには、さまざまな**収入源**があるわけだ

ウェイン・グループの配当（筆頭株主）

ウェイン城。
ワンダー・ウーマンに転貸借で家賃収入

300haの土地
（税の抜け道）

無申告のワイン蔵

ほっとけ！

そう、バットマンは金利で暮らしているんだ。
それが彼の主な収入源なんだよ

気がかりが…

ウェイン・コーポ
レーション幹部会議

もう資産ゼロです。誰が
使い切ったのかは明らか
です。「**大砲代**」と出費欄
に書かれています

誰だ
い？

そして彼はそう望めば、困難に立ち向かうことを
放棄することだってできる

ウェイン様…
これは夢でしょうか…
それともテレビゲーム？

違うよ!! 今NASA
の基地にいるし…

アルフレッド! もういいだろ!?
お前には30年も我慢してきた！

この一方で99%のフランス人が、
労働による収入に頼って暮らしている

バットマンのドラ息子、
「勉強は役立たない」って

お金は海外の口座に送るだけで
いいんだってよ…7年間寝かせれば
…

こういった闇の資産運用に役立ったのが、
「貨幣の脱物質化」というものなの

これ美味しいね、
キャロリーヌ

21

1960年代までは、働いて…

給料は現金で受け取っていた

フィリップ、給料だ。
ガキに靴でも買ってやれ

現代、もし給料が現金で支払われるとしたら、
給料日の社内はどんな空気だろう？

どこに給料を隠したか
お見通しだぞ～

グへへ

グ

ユッサ
ユッサ

月末の地下鉄は緊迫して…

フランスでは60年代、口座振替による給与の支払いが義務化された。
こうして「お金」は物理的なものではなくて、バーチャルなものになったんだ

社長！もう3ヶ月分も
お給料まだなんですが

ハリデイ

お前のはもう終わりだ

ひどい…
一生懸命
働いたのに…

待てよ、
フィリップ

終わったのは
振込手続きだ

それでもひどいです…

この時代に、銀行は個人融資を増やし始めた

それから民営化されて、ミッテラン政権下で
大幅な規制緩和がなされたんだよ

＊1　バカロレア。フランス教育省が発行する中等教育レベル
認証の国家資格。現在の取得率は約60%。

資本主義とバーチャル・マネーのおかげで、誰でも小口投資ができるようになった。
ほんの少しの知識さえあればね

実際にはほとんどの人が、経済用語や
給付金の内容を理解していない

＊2　住宅預金のための金融商品。住宅を購入する際に有利な利子率で
ローンが組めるため、将来的に自宅を購入する人に人気。

これは少し、学校の状況と似ているかも。
全員がちゃんと理解できるわけではないんだ

23

その結果、一部の人はこうした制度からはじき出されてしまう

小口投資家は、金融商品に手を出すほどの資金力があっても、とても脆弱な存在だ。
収益が少なければ、投資を分散させるのはなかなか難しい

専門家と違って、企業幹部や経済界トップは、
リスクを分散させる術を知っている

このように、フランスの投資の成功者たちは、年間
1300万€も稼いでいる（給与収入に加えて、だ）

彼らの目には、資本主義は自明のシステムに映るだろう。
そこでは金は勝手に働いてくれるのだ。太陽や巡る季節、ミツバチのように

今とは別のシステムを想像することができない人たちがいる

サブプライムローンのような金融商品は、時に世界規模の大暴落を引き起こす…

しかし、こんな時に「努力」が求められるのは、リアルエコノミー の労働者側だ

27

スーパー・リッチって
誰のこと？

中流家庭に生まれた彼のサクセス・ストーリーは、テレクラから始まった

テレクラの次は、覗き見部屋やアダルトショップに投資した。
「シェアする性分」、彼はそう自称する…

そう! 人々の幸せのため、彼は1995年にフランスで初のプロバイダー企業を立ち上げた。現在の「**free**」である

グザビエ・ニールはたった一世代で、フランス長者番付10位にまで登り詰めた。
その時の評価額は59億ユーロであった*1

新たに生まれたお金持ち一族は他にもあるわ。例えば、ボロレ家

巻きタバコに使う紙のメーカー「OCB」。「B」は「ボロレ」の頭文字よ。巻きタバコを吸う時はボロレを舐めてるってイメージね、ふふふ

元々、ブルターニュで製紙業を営んでいたボロレ家は巻きタバコの紙に目をつけたのさ

一族の息子、ヴィンセントは有名人。
といっても、所有するヨットの件だが…
サルコジ*3が2007年の
大統領選の翌日、お楽しみに行ったのさ

＊1　2019年Forbes誌によると18位。
＊2　ブルターニュ地方ビグダンの民族衣装では、このような帽子を被る。
＊3　2007年から2012年フランス大統領。富裕層寄りの政策と移民排斥主義で、在職中も多く批判の的となった。
＊4　フランスの政治家。2007年から2012年まで首相を務めた。所属政党は共和党。

もちろん、先祖代々べらぼうな金持ち一族もいる。アーネスト－アントワーヌ・セイリエール ド ラボルド氏とか

ハ～イ
エコ左翼!

セイリエール一族はあまりに巨大で、家系図はバオバブの木のようになってしまう

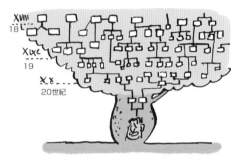

例えば、母方の家系にはウェンデル氏がいる。1704年にロレーヌ地方に鍛冶屋を開いた

鉄とロレーヌ!
成功の母!

今では鍛冶屋は「アルセロール・ミッタル」という名に。ミッタルはインド人。ウェンデル家は国外にも進出したのだ

ご先祖様の格言を
忘れるんじゃないぞ
…

相場と運!
成功の母!
…じゃなく
てえっと…

ご先祖様に恥じないよう、アーネスト・アントワーヌは立派な学校2校で学んだ。シャンスポとENAだ*

1958年6月12日の日記
今日はとても奇妙な講義。
「福祉国家の恩恵」と題され…

大爆笑! 爆笑!

彼は女によくモテた、と言う人も、いたずら電話が大好きだったと語る人もいる…

もしもし？あれれ???
揚げ物中に失礼します？ヒヒヒ

最高っ!

*大統領や政治家は、シャンスポ（政治学院）で学んでからENA（フランス国立行政学院）に入るのが王道とされる。政財界の要人を多く輩出。

32

魅力とユーモアに溢れたこの男は、
1998年にはMEDEF[*1]の代表となった。

＊1　MEDEF（フランス企業運動）とは経営者で組織された団体で、日本の経団連に相当。

2013年までの彼の仕事は極めて斬新だった。
ウェンデル家900人の富を仕切ったんだから

要するに、彼のファミリーはみんな巨大な投資会社
で（わかる？　君たちはまず儲けられないアレ）、
彼自身は投資会社WENDELの会長だ

＊2　メディア関連を中心としたフランスの巨大複合企業の経営者。

ウェンデルの子孫は、何もしないでお金がもらえる。
毎月数千ユーロも、税抜きで

庶民である君は、会社のために大事な祝日をも
犠牲にしなければならない朝に、きっとこのこ
とを思い出すだろう

ウェンデル家は、2004年に一族の400周年
を祝った。彼らは、ボートやホールを借りる
なんてことはしない。手軽に…

オルセー美術館を貸し切る。
この機会に美術館は、ロレーヌの鍛冶を讃える
展示を行う

一族の人数は膨大なので、系統によって
違う色のバッヂを身につける。
それでお互いを見分けるのだ

パーティの目玉はおそらくこの巨大な写真。
一族勢揃いの一枚は、後に週刊誌へ掲載される

パーティの締めくくりには、全員に贈り物が。
一族の投資先と関係ある会社のものだ

大富豪一族は数世紀にもわたって、資本主義社会の変容や経済危機など、どんな経済段階にもうまく適応してきた

*1　パリ16区にある通り。　*2　シャンソン歌手。　*3　ニコラ・サルコジの次男。

同族経営の会社で、経営者の息子が跡を継いでも驚く人はいないだろう

これと正反対の例として、デイビッド・ベッカムはどうだろうか？ 彼の莫大な財産は、卓越した才能によって生み出されたものだ

しかも、イケメンときたもんだ…

しかしその才能が、息子へと受け継がれたかどうか…

イケメンかも、怪しい…。資産の継承という点では、スポーツの才能は継承の難易度が高いものらしい…

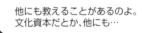

一攫千金

＊１９４７年マルセイユ生まれ。クイズ番組「ミリオネア」の司会者。

*1 ジャンフランソワ・コペ。2012〜2014年、右派UMP（現レピュブリカン）党首。
*2 ナタリー・コシューズ＝モリゼ。フランスの政治家。国民運動連合所属。

何が起きたかは
単純だよ。
可能性の海へ
飛び込むのだ

息継ぎなしてね!

多くの人は、ロトの高額当選者は気が変になって、すぐ
当選金を使い果たすんじゃないかって想像する

海自動車販売

全裸男
見ろよ

あいつ、現金でベンツ
2台俺に買って
行ったよ

どうやら
ヌーディストは
不況とは無縁だな

現実には、最初にやってくるのは茫然自失状態なんだよ

ちょっとナーバスに
なってるだけよ

もう何もわかりません!

あなたは今、
唐突に上昇した
社会階級に
罪悪感を抱いた

自由が怖い!

当たり前
のことさ

リラックス

?

当選する前の「2000万ユーロ」
は、楽しい夢だった

夢

ハハ

もしロトに当選したら、
仕事なんか辞めて、
てっかい車と家を買っ
て、サッカーチームと
ベッカムを買収する…

誰だって夢は見るさ。ただそれが現実になった瞬間、
夢は実現可能性との衝突状態へ突入するんだ

具体化の壁

夢

ベンツを現金
て買う

なぜなら、当選者には現実に対応するだけの準備ができていない。そこで、対立が起こる

おい、通せ！
俺は2000万ユーロ
ゲットしたんだぞ

え…
知らな
い人…

あなたが生まれつきのお金持ちなら、
コントロールする術は早いうちに身に
つけてるはずなのよ

ユクタンス
みたいに？
夢に出てきた
金持ちバージ
ョンの僕？

その通りよ！

考えてごらんなさい。ユクタンス・ド・ブリス。ブルジョワ階級家系の5代目だとして…

家族集会
1989年

叔父

パパ

姪

従兄弟

ユクタンス

甥

従姉妹

ロバの
デデ

10代になったらすぐにユクタンスは、代々受け継がれてきた家訓によって、ファミリービジネスを学ぶ

これはお前の祖父。
ユード＝エドモン・ド・
ブリス

書類クリップで財を
なし、上着のポケッ
トに挟んだクリップ
て、その心は我々に
伝えられる

はい、パパ…

要するに、ユクタンスは子どもの頃から莫大な額のお金をどう扱うかわかっているのよ。あなたと違ってね

＊パリ・サンジェルマン。サッカーチーム。

＊パリ出身の歌手、俳優（1943 - 2017）。2013年に富裕税が課せられると、
元々所有していたロサンジェルスの自宅を主邸とし租税回避し批判の的になった。

高額当選したことを友達に打ち明けたらどうなるだろう？　嫉妬される？

*歌手ジョニー・アリディの愛用する超高級ギター。

これから、僕の「金持ちの悩み」を誰が理解してくれるだろう？

息子にどう説明すればいい？　学ぶことの意味や努力することをどう伝えればいい？自分たちは働いてないのに

象徴的暴力は無意識だ

「ブルデュー」という名前は聞いたことが
あるんじゃないかしら

知性の
刻まれた
シワ

インテリ
ポーズ

お料理番組といえばシリル・リニャック*¹みた
いに、社会学では避けては通れない人物よ

僕のデザート
食べてみて!
おいしいよ!

＊1　フランスの料理人。パリで多くの店を経営し、メディアの
露出度も高い。

それか、2002年に亡くなったことで
よく知られているのかも？

え？
すみませ
ん、ブル
デュー博
士は何を
ご発明
に？

フランジ
パーヌ*²？

トリプー*³？

＊2　カスタードにアーモンドクリームを加えた洋菓子用の
クリームや、それを使った焼き菓子。
＊3　食材を羊の胃で包んで長時間煮込んだフランス料理。

ブルデューの主張はこんなこと：個人が変わるの
は、思われているほどには、簡単でない

勝者マガジン

セグエラ*⁴

才能は
天の恵み、
成功、職業

夢を叶えるのは簡単
なことだよ、負け犬

その通りだ！
なんて思いつか
なかったんだ

僕って
バカ！

＊4　-p.13前出

フィリップは突然に大金を手にしたけれど、それでそのままブルジョア階級の一員へ…というわけではない

サッカー

ビール

ポップミュージック

嗜好DNA

バツッ

バツッ

バツッ

ろ
バツッ

ゴルフ

ソプラノ・
オペラ

年代物
のウイ
スキー

宝くじ公社「フランセーズ・デ・ジュー」は、
それをよく知っている

すべての当選者に、小切手の他にあるセットを
渡すのよ

フィリップがこれから乗り越えなければ
ならない試練が書いてある

このセットには、本が2冊ある

2冊目は、当選者の個人的なこと

1冊目は、財産に関わること

2冊目は、当選者の個人的なこと

希望すれば、高額当選者同士で集まることだってできる。億万長者の悩みを語り合うんだ

ゲームをしながら財産管理を学ぶことも

＊1　約1億5000万円（2020年5月現在）。

＊2　1865年に設立された香港上海銀行。世界有数の金融グループ。

フランス宝くじ公社は、ブルデューが
「象徴的暴力」と主張したことを、すでに
想定済みだった

それは、例えば、超高級ホテルやハイブランドショップに入る勇気がない…といった風に現れる

人と人との支配の関係ではない

しかし、社会の中で生きる各個人は、
社会的支配の象徴を内面化している…

服装、ボディケア、言葉遣い、ロケーション…

象徴的暴力は無意識だ

劣等感や無力感といった感情として現れる

58

カジノもまた、ニュー・リッチをどう扱うかを学んだ。例えばドーヴィール（街）では、ニュー・リッチ向けにブラックジャックの講座を開催している。そう、賭け方を知らず、儲け損ねる金持ちのために!

*パトリック・ブリュエル。1959年アルジェリア生まれの歌手、作詞作曲家、俳優、プロデューサー。ポーカー好きとしても知られる。

フランス宝くじ公社は、オークションハウス「オテル・ドゥルオ」でロト高額当選者向けの講習を行なっている

名高きオテル・ドゥルオのオークションには誰でも参加できて、あらゆる種類のアート作品を手に入れることができる

ロト高額当選者はオークショニア（競売吏）の案内で、オークションの仕組みを学ぶ…
そして、自分たちに開かれた、新しい世界を発見する。今や彼らは、美術品収集さえも可能なのだ

当選金があるから、あなたには美術品を買う余裕はあるでしょう

だからって、あなたの文化資本は変わりない

すみませーん、すみません…

アートに精通すること…触れられる近さに身を置くということも、豊かさのかたちなのよ

でも知識もないのに絵画を買って、どうなる？

オズワルド・ブション、1856年の作品。評価額8500ユーロ

節税よ

ブルジョア検定を受けてみよう

バーバパパ　　バーバモジャ　　バーバブラボー　　バーバブルジョア

経済資本

1. コミック以外に、不動産関連資産（株、共同信託、投資信託）を所有しているか

2. 少なくとも一人は、フルタイムのお手伝いさんを雇っている

3. 主な居住地以外に、少なくとも2軒は家を所有している（避暑地の別荘や都心部短期滞在住居）

4. 連帯富裕税（ISF）が課されている

5. 海外に動産・不動産を所有している

文化資本

6. あなたは現在、国家の中枢への仲間入りが約束されているグランゼコール*の学生であるか、または卒業生である(ENA、ポリテク、シャンスポ)

サン・ミツ
士官学校

息子よ

蜂蜜の巣はお前の手に!

□ はい
□ いいえ

*フランス独自のエリート養成校の総称。

7. 子どもたちへ。ご両親は定期的に美術館・博物館へ連れて行ってくれる

ホラー
博物館

会計

□ はい
□ いいえ

8. 少なくとも月に１回は、劇場やコンサート、オペラへ出かける

☐ はい
☐ いいえ

＊１　フランスのミュージカル。ロック・オペラ。2009年にパリで初演、日本では2013年からは日本版も制作されている。

9. 美術品やアンティークをコレクションしている

☐ はい
☐ いいえ

10. 少なくとも２か国語の外国語が話せる

☐ YES
☐ NEIN

＊２　「ピノーさんは笑おうとしない」（ドイツ語）。

社会関係資本と
家族資本

11. 曾祖父母の名前を知っている

☐ はい
☐ いいえ

12. 子どもの頃、いとこたちと一緒に一族の家でバカンスを過ごした

☐ はい
☐ いいえ

13. 少なくとも週に２回は、ディナーへ出かける（招待する側としても、招待される側としても）

☐ はい
☐ いいえ

14. コネで入ったクラブのメンバーである

☐ はい
☐ いいえ

15. 家族の中に、外国籍の者がいる

☐ はい
☐ いいえ

象徴資本

16. 紳士録（Bottin Mondain）に載っている（もし「紳士録」と聞いてピンとこないなら速やかに「いいえ」にチェック）

息子の名前は、フルク=ローマン（聖職者）がいい…それか…

トゥグデュアル！

いや！ジャン=サンダーかっこいいね

私は郵便局のカレンダー*1 でも眺めるわ…

☐ はい
☐ いいえ

＊1　古いものだとアンティーク価値がついているものもあり、コレクターも多い。祝日名から名前を探せる。

17. 一族の誰かの名前がパリか他の地域の通りの名前として使われている

プレ通り*2

鶏とブロッコリ！そりゃ仲良いわけだ！

☐ はい
☐ いいえ

＊2　パリ18区にある通りの名前。19世紀の区画整備の後、「Poulet」という名の人物によって開かれた道。Poulet（プレ）は「鶏」という意味。

18. 田舎に、一族で所有する邸宅がある

邸宅

底宅

☐ はい
☐ いいえ

19. 慈善団体のメンバーである

恵んでおくれ…

チャリーン

サルコジ
友の会

UMP党*1は
友情を刻む

☐ はい
☐ いいえ

20. "レジオン・ドヌール"と呼ばれる素敵な勲章*2を受け取ったことがある

ウィキペディア
レジオン・
ドヌール勲章

ナニソレ???

スキー教室で
もらえる
バッヂみたい

☐ はい
☐ いいえ

僕も持ってるよ、楽勝!

*2　ナポレオンによって創設された民間人の勲章。
日本人ては大江健三郎、北野武などが受賞。

FLAP!
FLAP!

ブルジョワ認定が
こんなに大変だなんて

さあさあ、
テスト結果は??

えへへ

はやく
はやく

15スコア以上獲得した
あなたはブルジョワです

あなたが、このバンド・デシネ(BD)を
手に取ったことが驚き!

義母のお気に召すかどうかは不明だ
が…試してみる価値はある

満点スコア20ポイントに手が届くかも!

10 〜 15程度のほどほどスコアだったら…
あなたはちょっと誤魔化したか、

あるいは、財産が少しあるか、資質はある。
でも内面が足りない…

ズル
してる

お手伝いさんも
いないし！

キミがいる、
ベイビー

ハハ

なぬ！？

年収60万
ユーロだぞ！

オードジェ*の
番号も知って
る！

内面？ あるさ！

*クリスチャン・オードジェ。有名なファッションデザイナー。

おそらくあなたは、ギランギランな成金趣味の闇に落ちている

ありえ
ない！

ハニー
静かにして

もしもし、オードジェ？
カ…デンシャ？とかいう
出版社の責任者知ってる？

なぜって

クビに
してやる！

何？ ハワイで
イルカ釣り
中？

なに？ ジャス
ティン・
ビーバーに聞け
って？ でも…

ツー・
ツー…
ツー・
ツー…

キヒヒ

え!? それだけ!?

2000万ユーロ当選したのに、ブルジョア率たった15%

ロトの高額当選によって君たちは「経済資本」でポイントが稼げたんだ。なければスコアはゼロだよ

5ポイントまではなんとか…

あなたを「お手伝いさん」とカウントすればね

わかった？「富」にはお金以外の要素がたくさんある

「象徴資本」の理解には時間がかかるよ

ハ!

あなたたちは、孵化直後のひよっこリッチなのよ

ブルジョワになるには勉強しないとね

パキ

のったわ

バッ

ブルジョワ初めの第一歩

劇場へ行く、美術品の購入、慈善団体に所属…これはなんとかなりそうね

パパ!

ボクもさっぱり!

お手伝いさんを雇うのは簡単

お客さんを招待し、また招待される…これは難しいわね。フィリップ、新しい友達を作らないと!

え…友達いるけど

ジェラルドがクラブの仲介してくれるわけ?

僕たちサッカークラブに入ってる

違う! 本物のクラブでは葉巻を嗜むの! サッカーしない!

出会うべくは影響力のある人たちよ!

ヌイイ=シュル=ボンドゥ*へ引っ越しましょう

パパがどうにかするよ

＊架空の地名。ボンドゥは極右が強くて有名な街。ヌイイも同様に右寄りの高級住宅街。

200年後もブロコリ家は安泰!

そのためにやるのよ!

名付けて、"砂漠のペンギン作戦"

85

キャロリーヌ、話があるんだ

私もよ

銀行からパーティの招待状が届いたわ

??

行くべきよ!ミッション最初のステップだわ

外へ出て、友達を作る。パーティでは社交的に振る舞いましょ

銀行で!?そりゃあ楽しそうだね!

僕からは…アルノーのことなんだけど

マダム、招待状を

どうも

ブロコリご夫妻様
講演会へご招待いたします。
今回のテーマは「個人税の苦しみはどこからくるの？」

こちらへどうぞ

会議室

年配の人ばかりだ

ほんとね!

幸いまだ年金があるさ

わ!

こちらてございます

ゴホンゴホン

*ジャン・ドルメッソン。元フィガロ編集長、アカデミー・フランセーズ会員。

審判の真後ろの席で、まったく見えなかった。パトリック・ブリュエル*が解説してくれたけど

ぺちゃ くちゃ

ユクタンス、銀行が謝罪の意味で、トゥール・ダルジャン*²に招待するって

ぺちゃ くちゃ ぺちゃ

孤独…

くちゃ ぺちゃ

*1　フランスの歌手・俳優。　　　　*2　パリの一流レストラン。

フィリップ！

うちの担当銀行員、デニョンさんよ。招待してくれた方

講演はいかがでしたか？

ちょっと専門的でした…

ところで…「カードのコンシェルジュ」って何ですか？

カードって何？ 地図？

フランス地図

当銀行発行のカードのプラチナ会員様のご要望にお応えするサービスです

94

パリ郊外

ハイ、出ますよー

*1 「インターナショナル」の歌詞。社会主義・共産主義を代表する曲。

まあフィリップ! お元気?
楽しかったわ。良い運動て

無理せず
良いのよ

どうしたの?
「ブルジョア化
大失敗」ですって?

私の靴!

片方ないと
上手く
歩けなくて

*2 フランスの日刊紙。元共産党機関紙。

どこにいるの?
ヌイイ=シュル=
ボンドゥ?
良いところね

ブルデュー賞

ミシェル! 明日はブロコリ家で
ディナーよ。私の靴、見つけたみたい

楽しみね

ふむふむ

*3 フランスの俳優。

97

リッチということ
それは、内面のあり方

＊中世までヨーロッパでは、手づかみで食事をするのが一般的だった。身分の高い人々は、香辛料をなるべく清潔な手で扱えるように、指を１本か２本立てて食物に触れないようにするのがマナーだった。当時香辛料はとても高価なもので、「小指を立てて食事する」のは超富裕層だけの仕草であった。やがてルネッサンス期になり、ナイフやフォークが使われるようになっても、小指を立てる習慣だけは残った。

前の学校の子たちは違った。
例えば服装が…普通だった！
ジーパンとかさ！

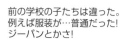

でもアンリ12世校の女子は
まるで読者モデルみたいでさ！
授業に出ないでピラティスしてる

男子はみんな、ハリー・
スタイルズのクローンさ！

＊ホームレス支援団体。リサイクルショップを運営。設立者のピエール神父は長い間「フランス人が最も愛する有名人」の1位だった。

例えば、まったく同じ服を違う人に着せたとする。同じ服なのに、同じ印象を与えるわけではない…

体格の問題ではない（太っているとかスリムとか、鍛えられているとか）、内面の問題なんだ

例えば、300平米の家で育ち、大きな客間に多くの人を招待する環境なら、他人から見られることに慣れて育つ

自然と社交界に馴染んで育ち、どんな状況にも対応できるようになる

2LDKでは「自分をどう見せるか」なんて学ばない

…うまい立ち振る舞いも学ばない

＊ブルデューの著書のタイトル。日本語版(宮島喬訳)、藤原書店、1991年。

もちろん、家の広さだけではなく、所属階級によって得られるものすべてに影響される

海外留学、旅行、さまざまな人との出会い…

あるいはまったく出会わない

＊クロットは「クソ」のこと。変わった地名だが実在。

スマートな立ち居振る舞い、服の着こなしを学び…

あるいは、まったく学ばない

ブルデュー大先生はこう言った。「ヘクシスは、互いに関連し、歩き、同様に、考える持続的なやり方で、永続的なディスポジシオンとなった、身体化された神話を与える」[*1]

*1 「身体的ヘクシスは現実化され身体化された政治神話であり、振舞う・語る・歩く、そしてそれを通して感ずる・考えることの永続的性向や持続的作法となった神話である」『実践感覚1』(今村仁司・港道隆訳、みすず書房、112頁)。

前に、石油の枯渇について発表したんだ

内輪

Bottin Mondain（紳士録）は、上流社会の人々、インフルエンサー、権力者たちの住所が掲載された「VIP電話帳」である。一般的に普及している電話帳とはまったくの別物だ

おもしろい情報の宝庫だ。例えば、勲章がずらっと並んでいたり

家紋だとか

＊1　映画「スターウォーズ」に登場するデススターのフランス語名とかけている。

＊2　色、向きの違いで紋章使用者の位階を示す。

紳士録を見れば、家格や婚姻関係、親類、所有資産などが一目瞭然だ

出身校　　　レジオン・ドヌール勲章

ド・ブリス（ユクタンス）　　HEC
妻のアネット・ド・ボワフォコンプは
ヌイイ＝シュル＝ボンドゥの
サン・エスプリ通り8番出身。
DE.BRICE.EUC@BLING.NET
ボタン商　　　子：タデ、
グレゴワール、パコメ、アデリー

妻

一族の印章はいかが？

一族所有の城

高位の人に向けた手紙の雛形まである。宛先は、たいていこの紳士録
に掲載されている

最後には
親愛の口づけ
を、お忘れなく

法王様へお手紙をお出しする時に
は、このような書き出しにするとよ
ろしいでしょう：親愛なる教皇様
謹んで、その神聖なお足元にひれ伏
し、使徒の庇護を乞い…

なんのために法王に手紙
を書くんだろう？

これは単なる一例。あれほど
影響力のある人物にも
コンタクトできるってこと

想像して! アメリカで経済学
修士をとった息子がフランスで
職探しするなら、親は何する？

法王に手紙で
奇跡を乞う!?
イテッ

ええっと…履歴書を送って、
しかるべきことをと!

そして奥さんの方はさりげなく、モンバロン公爵に息子さんを紹介するんだ

他には…

もし自分の住んでいる街の政治に反対だったら、どうする？

投票…？

それかデモに参加

いいわね！

でも、成長するサナギのようにどんどん大きくなるデモはうるさいし、イチャモンつけて騒ぎ立てているみたいで、イケてないんだよねぇ…

住居

俺たちゃバカじゃねえんだ黙ってねえぞ

ダン
ダン
ダン
ダン

僕たちも行く？

いや

不平不満はダメだ

デモに参加するお金持ちはいない＝彼らは何も求めない？
いや、彼らも自らの権利を訴える

ヌイイ＝シュル＝ボンデュに公営住宅?? トレーラーじゃダメ？

ラクダに引かせて

彼らは、一般とは別の形で権利を要求する。
ひっそりと、特権階級的に、贈り物や手紙などで

親愛なる大臣様。謹んで、その神聖なお足元にひれ伏し、政治的庇護を乞い…

わたくしは芋虫もソーセージも好みませんが、ラクダなぞもってのほかでございます

「内輪」というのは、こういうことだ

50年代までは、家族間や階級の中で助け合っていた。集団が重要だった。いい時代だったと言える。ドパルデューが映画『ジェルミナル』*で演じてる

*エミール・ゾラ原作、1993年の映画。炭鉱労働者の主人公マユたちの階級闘争を描いた作品。

マルクスは、団結と闘争で「階級意識」を目覚めさせることができると言っていた

しかし現代社会は、実際には負の側面を抱える「個人主義・競争社会」が良しとされる。
「連帯」が重要な労働者階級でさえ、それを失って、負の個人主義に巻き込まれてしまった

ミドルクラスにとって「個人主義」は、どちらかというとポジティブなイメージだ。
「自立」はより好ましいものだからだ

富裕層が仮にイデオロギーの上では個人主義であり競争社会を支持していても、
実際の行動は完全に集団主義で結束している…自分たちの内輪だけで

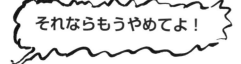

じゃあどうする？

お金を持つのは悪いこと
だと信じ込まされている

簡素、シンプル、純粋…といった考え方が好まれる

一方で、現代のネオリベラリズム（新自由主義）は、豊かな生活を望む人々に、かつてなかったほどの
プレッシャーを与えている

＊作曲家、俳優、作家、活動家。グローバル公民権支持者であり、エコロジスト。
木々と会話ができると主張して話題に。

不景気で人員削減する一方で…

フランス人の9割が、富裕層は
社会の役に立っていると考えている

こうして、富む者がより富むことを支える結果に。
…なんて寛大なんだ

＊1　米国で活動するメキシコ系の女優。映画「フリーダ」でアカデミー
主演女優賞ノミネート。2009年にピノーと結婚。
＊2　フランソワ・アンリ・ピノー。フランスの実業家。

誰もがその富の恩恵にあやかって
世の中が回っているかのように

しかし現実には、働いても手にするのはごくわずか

大部分のお金は、金持ちの元に。
金持ち自身のためにお金は増殖し蓄積される

この投機が債務ににたいして行われるとき
（それは緊縮政策を生み出す）、金の流れは
まったく反対方向に向きを変える

金持ちの存在が問題なのではない

努力が求められることだ

大半の人は労働収入に頼って暮らしているはずだが、そこへプレッシャーをかけてくる

多くの人は、税の払い戻しや租税回避することはできない。考えてみよう

ベルナール・アルノー*が
ベルギーとの二重国籍を欲した
のは、月末の金欠のためではない…

*p.16前出。

ベルギー名物ワッフルのためでも、BDのためでもない

フランスよりも低いベルギーの
相続税率のためだ

こんなふうに、富は次の世代へと受け継がれて
いく。一族の中や、ダイナシティ（支配者層）、
階級…

ブルジョア
は強固ね！

代々受け継がれた富は身体的ヘクシス
[身のこなし]となるまで内面化する

アントワーヌ・アルノー*1&カトリーヌ・
ドヌーヴ。Dior主催のパーティーで

*1　ベルナールの息子。ルイヴィトンCEOの後継者候補。

ついには、子孫にとって富は生まれつき獲得している
もので、支配的な立場も当たり前となる

僕のお祖父様、
ベルナー・アルノー…

偉大な人物で、フランスの
税制に「クソ」と述べた革命
的存在です!

サン・キュロット*2!

*2　フランス革命の担い手となった民衆たち。

もう一つの問題は、
政治が彼らを支えていること

政治家と財界人は同じ世界の住人で、たがいに
繋がっている。そして、同じ階級の者同士、連帯
しているのだ

サルコジさんの結婚式の写真。
お祖父様の隣にいるのは、ブイグさん*3

サルコジさん?
好きですよ! おもしろい一家!
DJ Moseyとか!*5

*4　民放局TF1や建設会社を有するブイグ・グループの会長、マルタン・
ブイグ。サルコジの親しい友人としても有名。
*5　サルコジの息子ピエールはDJ Moseyとして活躍している。

このような状況では、政治家が変化を好まないのは自然なことだ

ネオリベラリズムの支配するものとは別の世界を、想像できない

*1　オレリー・フィリペティは、フランスの女性政治家、作家。イタリア人の労働移民家系の出身。2012年大統領選挙においてオランドを支持し、彼が当選した後に文化・通信大臣として入閣。

いまの世界は、債務返済のため支出削減と…

…緊縮政策だ

緊縮は、まさに市場の望むところでもある

なぜなら市場は負債に投機しているからだ

*2　「欧州安定メカニズム」のこと。2009年末よりギリシャからヨーロッパ全体に広がった金融不安の影響で、「欧州債務危機」が発生。これに対応する「時限的」な危機対応メカニズムとして、欧州金融安定ファシリティ（EFSF）を設立した。その後「恒久的」な危機対応メカニズムとして、2012年には欧州安定メカニズム（ESM）が設立された。　＊3　アメリカの有名な投資家。

しかし、負債が増えるとしたら、それは主に金融制度（とそのデリバティブ）を守るためだ

罪悪感を抱える
匿名トレーダーの会
ようこそ

その他の大勢の人々が、10年の増税によって儲け損なっているのに

調子は？

ボチボチ…なかなか苦しいね、サルコジ…

だな

意地が悪いって言われるけど

しっ

気にするな

スイスに隠されたフランス人の財産は800億ユーロにも上る…ということには触れず

僕のお金はどこ？

魔法の森に隠れたの？

ぷっぷ
ぷぷ

♪♫
そうだよ！

サルコジ

要するに、その気になれば財源確保は可能だが…

専門家が魔法の森スイスの大捜索をしました

そして魔法の森の外れて、消えていたお金を確保しました

根本改革

何の話をしてるんだ？

しかし、経済理論が変わらない以上…

しかし波風立てても…

これは魔法の森の

ことなので…

フム

すなわち、人を犠牲にしても利益を追求する現状は…

結論として、財源はあなたたち

国民から出せるかと

…何も変わらない

ちゃんと出してね

持ってないし

よく探して

そのためには、権限を蓄積させてはならない

任期を終えたら、実社会の生活へ戻ること

＊犯罪者GPS監視システム。足にGPS追跡可能システムが組み込まれた足枷をつける。

選挙がより民意を反映したものとなるよう、義務投票制にすべきで…

白票は有効投票とすべきだ

つまり、連帯、組織、団結!

訳者解説

リッチな人々と運命論に逆らう社会学

　本書は *Riche, pourquoi pas toi?*（Dargaud, 2013）の全訳です。作者のマリオン・モンテーニュはバンド・デシネで科学をわかりやすく一般に伝えるブログ「Tu mourras moins bête...（もっと賢く生きましょう）」で人気で、2013 年にはバンド・デシネ版がアングレーム国際漫画祭で読者賞を受賞しています。また ARTE というテレビ局でも同名のアニメが放映されています。この番組では、毎回届く素朴な質問にたいして、科学ではどう考えるのかをムスタシュ［ヒゲの意］教授が説明してくれます[1]。また 2018 年にも、宇宙飛行士トマ・ペスケと作ったバンド・デシネ（*Dans la Combi de Thomas Pesquet*）がアングレーム国際漫画祭で読者賞を受賞しています。

　本書に登場するのは、ふたりの社会学者です。主人公のミシェル・パンソンとモニク・パンソン＝シャルロ夫妻は、ともに長いあいだ国立科学研究センター（CNRS）の主任研究員として富裕層を対象とした調査をおこない、数多くの著書を出版している著名な社会学者です。

　パンソン夫妻はフランスのメディア、とくにテレビにも頻繁に登場するため、おそらくフランス人やフランス在住の方々には見覚えのある顔かもしれません。しかし日本では、『パリの万華鏡――多彩な街の履歴書』（野田四郎訳、原書房、2006 年）というパリの紹介本が訳されているだけで、かれらの研究は詳しくは知られていません。この解説では、かれらがこれまでどのような研究をおこなって、どのような考えかたをもっているのかをご紹介したいと思います。

パンソン夫妻の研究

　ミシェル・パンソンとモニク・パンソン＝シャルロ夫妻の研究上の立場は、ブルデューの社会学に非常に近いと言えば、わかる方もいるかもしれません。

　ピエール・ブルデュー（1930—2002）は、フランスを代表する世界的な社会学者のひとりで、日本でも多くの翻訳書が出版されています。ブルデューの社会学は、社会的不平等とそれを正当化する支配の構造がどのように維持・再生産されるのかというメカニズムを明らかにしようとするもので、彼の提示した「文化資本」という概念は日本でもよく知られています。文化資本は、貨幣や財のような経済資本だけではなく、他の側面、つまり学歴や家庭環境によって「正統的」とされる文化を伝達・継承することをつうじて、社会的不平等と支配の構造が維持・再生産されることを明らかにするために使われます。

　他にも、コネやネットワークのような「社会関係資本」など、さまざまなタイプの資本が不平等に分配されており、維持・継承されていると考えます。本書でもこうしたブルデューの社会学の影響をみることができます。

　本書の原案者であり、主要な登場人物でもあるミシェル・パンソンは、まずはモロッコで高校教師となり、その後、ヴァンセンヌ自由大学でジャン＝クロード・パスロンに学び、労働社会学を研究するようになります。パスロンは 1960 年代にブルデューと共同研究をおこない『再生産』（日本語訳：宮島喬訳、藤原書店、1991 年）という本を出版しており、ブルデューに非常に近い立場のひとでした。モニクは、パスロン、それからジャン＝クロード・シャンボルドンの下で学びます。シャンボルドンはブルデューの教え子で、ブルデューとパスロンと『社会学者のメチエ──認識論上の前提条件』（日本語訳：田原音和・水島和則訳、藤原書店、1994 年）という本を出版しています。またシャンボルドンは 60 年代に大都市郊外の公営住宅について非常に有名な都市社会学的研究をおこなっており、モニクは彼の指導の下で都市社会学者となります。

その後、ふたりは国立科学研究センターの研究員となり社会学者として本格的なキャリアを積み、都市社会学センターという研究センターに所属します。ふたりはまずそこのディレクターであったポール・ランデュのすすめで、富裕層のインタビュー調査をはじめます。このランデュ自身が富裕層の出身で、彼から調査の対象者を紹介してもらったそうです。ふたりは、最初は別々に調査をしていたのですが、カップルでいることが富裕層の警戒心を解くことに気づき、以降はほとんど二人でともに調査にでかけるようになります。

高級住宅街を対象とした「都市社会学」

　パンソン夫妻はこれまでどのような調査・研究をおこなってきたのでしょうか。「金持ち」を研究していると聞くとちょっと意外かもしれませんが、かれらの専門は、先ほど経歴のところで少し触れたように、「都市社会学」です。社会学は家族や教育、文化などさまざまな領域を扱いますが、そのなかでも「都市」を研究するとはどういうことでしょうか。

　パンソン夫妻は、都市社会学という分野のなかでもとくにパリ大都市圏の「セグリゲーション（居住分断）」を研究テーマとしています。セグリゲーションとは、言ってみれば生物が「棲み分け」をしているように、ある特定の地区に同じ仕事やエスニシティ（民族性）などの属性の似通った人たちが集住する現象です。こうしたセグリゲーションが街の風景をつくりあげることがあります。

　大都市には、ビジネス街や工場の多い地区、エスニックタウン、大規模な団地の集積している地区や貧しい人たちの住む街があります。そして、金持ちの住む高級住宅街もあります。こういった、さまざまな人たちが住む大都市はまるでモザイクのようにできあがっています。大都市の多様な都市社会構造のなかでもとくにパンソン夫妻が注目したのが、金持ちの住む高級住宅街なのです。

　モニクは、さきのランデュら都市社会学者たちのグループのなかで、パリ大都

市圏のセグリゲーションの本を出版しています。それからこんどはさらに、ミシェルとともに、高級住宅街の調査に乗り出し、1989年には『金持ち地区にて (*Dans les beaux quartiers*)』を出版します。beaux はもともと「美しい」という意味です。「les beaux quartiers」は日本語にすると「金持ち地区」や「高級住宅街」といった訳になりますが、詩人ルイ・アラゴンの小説のタイトルとしても有名で、翻訳では『お屋敷町』と訳されています。

　パンソン夫妻は、この高級住宅街の住民に調査へ向かったのです。もともと金持ちでもなかったかれら、とくにミシェルは地方の労働者階級の出身でもあり、この金持ちの世界を調査することに居心地の悪さを感じていたようです。社会学は貧困層を対象に調査することは多いのですが、金持ちを対象に調査することはあまりありません。ですから、かれらの研究はその点で非常に画期的なものでありました。

　かれらの調査の方法、特有の困難については、その後『大ブルジョワジーへの旅』（1997）で詳しく語られています。つづいて『パリの万華鏡』（原書、2001）や『パリの社会学』（2004）でパリという街全体についての著作を発表しますが、『金持ちのゲットー——ブルジョワはいかにして自らの空間を守るのか』（2007）で、高級住宅街に住む富裕層が自分たちの住む地区をいかに守ろうと行動しているのかを描いています。

　近年では、『リッチな人びとの大統領——ニコラ・サルコジのフランスにおける寡占』（2011）、『リッチな人びとの暴力』（2013）、『富裕層裁判——カウザック事件と租税回避』（2018）、『ウルトラ・リッチの大統領——エマニュエル・マクロンの政治における階級蔑視のクロニクル』（2019）など、富裕層と政治との関わりに注目し、金持ちにたいしてより批判的な立場をとるようになっています。

富裕層の批判へ

　ふたりは、富裕層を対象にしたフィールドワークから、しだいに富裕層にたいする批判的な立場を鮮明にするようになります。かれらはどのようにして富裕層の行動にたいして批判的な目を向けるようになったのでしょうか？

　とくにパンソン夫妻が注目するのは、富裕層が自分たちの内輪に閉じこもって連帯し、ときにはいろいろなコネをつかって政治に働きかけているという点です。

　フランスには連帯・都市刷新（SRU）法という仕組みがあり、豊かな人びとが多く住む財政の豊かな自治体にたいして、一定割合の公営住宅を建設することを義務づけている法律があります。それによって、地域格差を是正しようとしているのです。

　ところが、富裕な自治体はその義務を守らず、罰金を払ってでも公営住宅の建設を増やすことはしたがりません。金持ちの住む地区に貧しい人たちが増えることによって、地域のイメージの悪化や土地の資産価値が低下することを防ぎたいからです。都市内部の棲み分けと住民間の分断は、とくに富裕層が同じような人同士で集まり、貧しいひとたちを受け入れず排除することによって生まれているのです。

　2016年には、高級住宅地として有名なパリ16区で、ブローニュの森のそばにパリ市（当時の市長は左派です）がホームレスの緊急受け入れ施設を建設しようとしたときに、住民が強く反対し抗議集会をおこないました。施設の建設中には何者かによって放火されるという事件もありました。この間の経緯についてもパンソン夫妻は『16区のパニック！』（2017）というバンド・デシネを出版しています。

　他にも、パンソン夫妻はパナマ文書問題について富裕層が税金を払わないことを問題視しています。パナマ文書は、パナマの法律事務所が40年に渡って記録した1100万件以上の文書で、2016年に、世界各国の首脳や富裕層が、世界

中のタックスヘイブン（租税回避地）を利用した金融取引で資産を隠していたことがあきらかになったのです。富裕層が身の回りの環境を整えることには熱心でも、税金を払って社会に貢献しようとしないことにたいして、パンソン夫妻は厳しい眼を向けています。

ブルデューを継承した「批判社会学」

　このような「批判社会学」の立場は、社会保障の縮小を批判して活動した晩年のブルデューの立場と非常に近いことがわかります。本書を読めばわかるとおり、パンソン夫妻の研究はピエール・ブルデューの影響を非常に強く受けています。夫妻は、コレージュ・ド・フランスでおこなわれたピエール・ブルデューの講義を、1982年から彼の死去の直前の2001年まで約20年間、熱心に受講していたといいます。コレージュ・ド・フランスは、著名な学者が一般向けの講義をする知の殿堂で、夫妻は一般市民と同じ立場でブルデューの講義を聴講していたそうです。

　ブルデューの「批判社会学」をひとことで言うと、「隠された支配関係の構造を暴露する」ということです。つまり、生まれつき備わったと思われるものが、社会的なものだということ、それを天賦のものだとする見方そのものが現状の支配構造を正当化しているのだと明らかにする（暴露する）ことが社会学なのです。

　パンソン夫妻も、あるところで同様のことを言っています。「社会学が、支配層の生まれながらの優越性を信じようとし、そしてそう信じさせようとする支配層の幻想を暴くとき、社会学は、現状の社会構造と闘うすべての人びとにとっての格闘技となる。社会的決定論を知ることは、自由を感じたり、社会秩序を根本的に変える必要性を感じるための条件である」。こうした構造を暴きだす試みが、ブルデューを継承したパンソン夫妻の「批判社会学」といえるでしょう。

　かれらの考える社会学とは、社会的不平等を自然なもの、当たり前のものと思

わせられることによって、その社会的メカニズムが覆い隠されてしまう、そのような「当たり前」の秩序に「批判的な」眼を向けるツールとしての社会学です。そこではパンソン夫妻の主張は、「運命」などというものはない、というものでしょう。金持ちは自分たちを守り再生産しようとし、それを「自然な」ものとして信じさせようとするが、それは「運命」として諦めるようなものではない。重要なのは労働者である庶民の「連帯」だというのが、パンソン夫妻が本書の最後に残したメッセージでしょう。

フランスの学者による富裕層研究

　エリート層、富裕層を対象とした研究はパンソン夫妻の調査によって道を拓かれました。しかしフランスの社会学や社会科学の研究者は、(おそらくは) 日本やアメリカの研究者以上に格差に敏感かもしれません。

　本書で何度も登場するピエール・ブルデューだけではなく、最近ではトマ・ピケティも『21世紀の資本』(日本語訳：山形浩生・守岡桜・森本正史、みすず書房、2014年。ならびに映画版：2019年) のなかで1%の富裕層が富の大部分を独占していることを指摘しています。戦後社会はより平等に近づいていたものの、それがここ数十年でふたたび富裕層が富を占めるようになったことを、説得力あるデータをもってピケティは示しました。最近では『イデオロギーと資本(*Capital et Idéologie*)』(2019、日本語未翻訳) で、富裕層が時代によってどのようにして格差を正当化してきたのか、その正当化のイデオロギーとはどのようなものだったのかを明らかにすることに取り組んでいます。

　また、社会学者のセルジュ・ポーガムは、『金持ちは貧困をどのように見ているのか (*Ce que les riches pensent des pauvres*)』(2017、日本語訳近刊) で、格差と貧困層にたいして富裕層がどのように考えているのかについて、フランス、ブラジル、インドの金持ち地区の住民を対象にした国際比較の調査をおこなって

います。『貧乏人の経済学——もういちど貧困問題を根っこから考える』（日本語訳：山形浩生訳、みすず書房、2012年）の著者、エステル・デュフロは、開発経済学でランダム化比較実験をおこなった研究が評価され、ノーベル経済学賞を受賞しています（2019年）。

　なぜこれほどまでにフランスの社会科学者は格差・不平等、貧困にたいして敏感なのでしょうか。ポーガムの著書で、フランス人は貧困にたいして自己責任ではなくむしろ社会に責任があると考える傾向があると指摘されているように、このことはフランス社会の特徴をあらわしているのかもしれません。

　フランスの福祉国家の基礎には「社会的連帯」という考えがあります。福祉国家は税や社会保険をつうじて、失業や病気、老齢など人生でおこりうるリスクにたいして連帯してカバーしようとする仕組みです。それは、労働者階級と支配階級である富裕層とのあいだで連帯し、社会がひとつにまとまろうとする考えかたです。もちろん日本でもそうした仕組みは存在しており、戦後の先進工業国のほとんどが導入してきました。ところが、ここ数十年はこうした福祉国家の制度が揺らぎ、本書でも言及されているように、新自由主義の考えかたが普及しています。

　パンソン夫妻をはじめ、フランスの社会科学者たちの多くは、これにたいして年金や健康保険、失業・雇用対策にたいする国家の役割を重視します。そしてこの連帯には労働者だけではなく、富裕層の貢献も必要なのです。パンソン夫妻が問うているのは、まさにこの富裕層が社会の連帯にたいする義務や責任を放棄し、社会に貢献するのを避けることを正当化してしまっていることです。このことは、ここ十年来、格差や貧困が社会問題となっている日本の社会が抱える問題を考えるさいにも示唆的なのではないでしょうか。

フィリップたちの選択から見える、パンソン夫妻のメッセージ

　本書をご覧になればわかるとおり、「リッチ」であるには、たんに経済的に裕福であることだけでは十分ではありません。経済的な資本だけではなく、文化資本や社会関係資本も豊かにして、それを自分たちの子孫へと引き継いでいく必要があります。

　本書の最後で、主人公の家族は、けっきょく富裕層の生活を真似るのではなく、元のライフスタイルに戻ることを選びます。もちろんそれは、富裕層が内輪で固まり閉鎖的であることに息苦しさと居心地の悪さを感じたがゆえに、でしょう。私たちはできれば金持ちになりたい、と考えます。が、じつは「リッチ」であることはたんに金持ちということだけではありません。「支配」する立場なのです。

　主人公家族は最後にはそうした支配する側となって一部の内輪で自分たちの利益を増やすという人生は求めませんでした。ではどうしたらいいのでしょうか。庶民が連帯することによって、より多くの人びとが豊かで平和な暮らしを送ることをパンソン夫妻は願っているのではないでしょうか。

　本書の翻訳では、編集を担当していただいた花伝社の山口侑紀さんの的確なアドバイスとコーチのような伴走のおかげで、コロナ禍の混乱のなかでも作業をすすめていくことができました。記して感謝申し上げます。

2020年6月　訳者を代表して

川野英二

1　ブログはhttp://tumourrasmoinsbete.blogspot.com/
YouTubeのチャンネルはhttps://www.youtube.com/channel/UCKtG_
IXZk4pRJkapfKOeprA

スーパーリッチの生活についてもっと学ぶために！

ミシェル・パンソン、モニク・パンソン＝シャルロの著作

Dans les beaux quartiers（金持ち地区にて）, Paris : Seuil, coll. « L'Épreuve des faits », 1989.

Quartiers bourgeois, quartiers d'affaires（ブルジョワ地区、ビジネス地区）, Paris : Payot, coll. « Documents Payot », 1992.

La Chasse à courre. Ses rites et ses enjeux（猟犬狩猟、慣しとたくらみ）, Paris : Payot, coll. « Documents Payot », 2003.

Grandes Fortunes. Dynasties familiales et formes de richesse en France（ビリオネア、フランスの富豪家系と富の形態）, Paris : Payot, coll. « Documents Payot », 1996.

Voyage en grande bourgeoisie（大ブルジョワジーへの旅）, Paris : Presses universitaires de France, coll. « Sciences sociales et sociétés », 1997.

Les Rothschild. Une famille bien ordonnée（ロスチャイルド家）, Paris : La Dispute, 1998.

Nouveaux patrons, nouvelles dynasties（新起業家、新しい富豪一族）, Paris : Calmann-Lévy, 1999.

Sociologie de la bourgeoisie（ブルジョワジーの社会学）, Paris : La Découverte, coll. « Repères » no 294, 2000.

Paris mosaïque. Promenades urbaines, Paris : Calmann-Lévy, 2001. 日本語訳：『パリの万華鏡──多彩な街の履歴書』野田四郎訳、原書房、2006年

Paris. Quinze promenades sociologiques（パリ、15の社会学的考察）, Paris : Payot, 2009.

Le Cas Pinochet. Justice et politique（ピノチェトの場合。正義と政治）, Paris : Syllepse, coll. « Arguments-Mouvements », 2003.

Sociologie de Paris（パリの社会学）, Paris : La Découverte, coll. « Repères » no 400, 2004.

Châteaux et châtelains. Les siècles passent, le symbole demeure（城と城主

世紀を超えて君臨するシンボル）, Paris : Anne Carrière, 2005.

Les Ghettos du gothas : Comment la bourgeoisie défend ses espaces（金持ちのゲットー──ブルジョワはいかにした自らの空間を守るのか）, Paris, Seuil, 2007.

Les Millionnaires de la chance. Rêve et réalité（運の億万長者）, Paris : Payot, 2010.

Le Président des riches. Enquête sur l'oligarchie dans la France de Nicolas Sarkozy（リッチな人びとの大統領──ニコラ・サルコジのフランスにおける寡占）, Paris : La Découverte, 2010.Réédition augmentée coll. « La Découverte Poche. Essais » no 353, 2011.

L'Argent sans foi ni loi（金──信念も秩序もなく）, Paris : Éditions Textuel, 2012.

La violence des riches - Chronique d'une immense casse sociale（リッチな人びとの暴力）, Paris : Zones, 2013 .

Pourquoi les riches sont-ils de plus en plus riches et les pauvres de plus en plus pauvres?（なぜ金持ちはますます金持ちになり、貧困層はますます貧しくなるのか）, イラスト　エティエンヌ・レクロアール(Etienne Lécroart), Montreuil : La Ville Brûle, 2014). Réédition 2018.

C'est quoi être riche ? Entretiens avec Emile（リッチであるとはどういうことか──エミールとの対話）, イラスト　パスカル・ルメートル(Pascal Lemaître), Paris : Éditions de l'Aube, 2015.

Tentative d'évasion (fiscale)（（租税)回避の試み）, Paris : Zones, 2015.

*Les prédateurs au pouvoir. Main basse sur notre aveni*r（捕食する権力者──私たちの未来から奪われるもの）, Paris : Textuel, coll. « Essais et Documents », 2017.

Panique dans le 16e ! : Une enquête sociologique et dessinée（16区のパニック！）, イラスト　エティエンヌ・レクロアール(Etienne Lécroart), Montreuil : La Ville Brûle, 2017.

Les Riches au tribunal : l'affaire Cahuzac et l'évasion fiscale（富裕層裁判──カウザック事件と租税回避）, イラスト　エティエンヌ・レクロアール(Etienne Lécroart), Paris : Delcourt/Encrages, 2018.

Le Président des ultra-riches : Chronique du mépris de classe dans la politique d'Emmanuel Macron（ウルトラ・リッチの大統領——エマニュエル・マクロンの政治における階級蔑視のクロニクル）, Paris, La Découverte/Zones, 2019.

そして、他のテーマで笑いたいあなたへ

マリオン・モンテーニュの作品

Dans la combi de Thomas Pesquet（宇宙飛行士トマ・ペスケと）, Dargaud
L'Intelligence artificielle（AI——人工知能）, La Petite bédèthèque des savoirs, ジャン＝ノエル・ラファルグ(Jean-Noël Lafargue)との共作, Le Lombard
La Vie des très bêtes（すごい獣の生活）, 1,2巻, Bayard Editions
Panique Organique（オーガニック・パニック）, Sarbacane
Tu mourras moins bête（もっと賢く生きましょう）, 1,2巻, Ankama
Bizarrama culturologique（文化史の奇妙な展示）, Delcourt
Tu mourras moins bête（もっと賢く生きましょう）, 3,4巻, Delcourt
http://tumourrasmoinsbete.blogspot.com/

原案

ミシェル・パンソン、モニク・パンソン＝シャルロ
(Michel Pinçon ／ Monique Pinçon-Charlot)

元フランス国立科学研究センター研究部長（パリ第 8 大学）。著書に『パリの万華鏡——多彩な街の履歴書』（原書房、2006 年）など。

作者

マリオン・モンテーニュ（Marion Montaigne）

1980 年、レユニオン島サン＝ドニ生まれ。BD 作家。科学マンガに定評があり、仏独テレビ局 arte でアニメ化されている。

訳者

川野英二（かわの・えいじ）

大阪市立大学文学研究科教授。都市・社会政策の社会学。共訳書にセルジュ・ポーガム『貧困の基本形態——社会的紐帯の社会学』（新泉社、2016 年）など。

川野久美子（かわの・くみこ）

フランス語通訳・翻訳。

リッチな人々

2020 年 8 月 10 日　初版第 1 刷発行

原案 ——— ミシェル・パンソン、モニク・パンソン＝シャルロ
作者 ——— マリオン・モンテーニュ
訳者 ——— 川野英二、川野久美子
発行者 —— 平田　勝
発行 ——— 花伝社
発売 ——— 共栄書房
〒 101-0065　東京都千代田区西神田 2-5-11 出版輸送ビル 2F
電話　　　 03-3263-3813
FAX　　　 03-3239-8272
E-mail　　 info@kadensha.net
URL　　　 http://www.kadensha.net
振替 ——— 00140-6-59661
装幀 ——— 生沼伸子
印刷・製本 — シナノ印刷株式会社

ISBN978-4-7634-0934-8　C0036

博論日記

ティファンヌ・リヴィエール 作／中條千晴 訳

定価（本体 1800 円＋税）

● 「その研究、何の役に立つの？」「で、まだ博論書いてるの？」
世界中の若手研究者たちから共感の嵐！　高学歴ワーキングプアまっしぐら!?
な文系院生が送る、笑って泣ける院生の日常を描いたバンド・デシネ。フラン
スでベストセラー！　英米、ドイツ、イタリア、スペイン、アラビア語圏、中
国など各国で翻訳出版された話題図書！　推薦・高橋源一郎

私が「軽さ」を取り戻すまで
── “シャルリ・エブド” を生き残って

カトリーヌ・ムリス 作／大西愛子 訳

●あの日を境に、私は「軽さ」を失った──
シャルリ・エブド襲撃事件生存者、喪失と回復の記録 。2015 年 1 月 7 日、パリ
で発生したテロ事件により 12 人の同僚を失うなか、ほんのわずかな偶然によっ
て生き残ったカトリーヌ。喪失と回復の記録。

ナタンと呼んで
──少女の身体で生まれた少年

カトリーヌ・カストロ 原作／カンタン・ズゥティオン 作画
／原正人　訳

定価（本体 1800 円＋税）

花伝社の海外コミック

●**フランスで話題沸騰！**
身体への戸惑い、自分を愛せない苦しみ、リストカット、恋人・友人関係、家族の葛藤……。実話をもとにフランスのトランスジェンダー高校生を描く希望のバンド・デシネ！

見えない違い――私はアスペルガー

ジュリー・ダシェ 原作／マドモワゼル・カロリーヌ 作画
／原正人　訳

定価（本体 2200 円＋税）

花伝社の海外コミック

●マルグリット、27 歳。本当の自分を知ることで、私の世界は色付きはじめた
フランスでベストセラーになった、アスペルガー当事者による原作のマンガ化。
「アスピー」たちの体験談と、日常生活へのアドバイスを収録。
第 22 回文化庁メディア芸術祭（文部科学大臣賞）マンガ部門新人賞受賞

未来のアラブ人
——中東の子ども時代 (1978—1984)

リアド・サトゥフ 作／鵜野孝紀 訳
定価（本体 1800 円＋税）

●第 23 回文化庁メディア芸術祭マンガ
部門優秀賞受賞作品
シリア人の大学教員の父、フランス人の
母のあいだに生まれた作家の自伝的コ
ミック。激動のリビア、シリア、そして
フランスで目にした、現在につながる混
乱の根源とは——？
池澤夏樹氏（作家）推薦「二つの文化の
間で育つのは大変だ。リアドが幸福にな
るのはまだ先かなあ。」

未来のアラブ人②
——中東の子ども時代 (1984—1985)

リアド・サトゥフ 作／鵜野孝紀 訳
定価（本体 1800 円＋税）

●シリアの小学校に入学した金髪の 6 歳
を待ち受けるものは……　アラブ世界の
現実を描くフランスの大ベストセラー
シリア人とフランス人の両親のもとで
育ったリアド 6 歳。父の故郷、シリアの
小学校に入学し、アラビア語とコーラン
を学び、体罰とイジメに耐え、貧富の差
を知り、イスラム世界の厳しさに気づい
ていく。ハーフィズ・アル゠アサド独裁
下のシリアで生きる小学 1 年生の記録。
ヤマザキマリさん推薦